KB242873

갓생의 법칙

GOD-LIFE

방구석 NPC에서 인생의 하드캐리어로, 12가지 영적 필살기

갓생

GOD-LIFE

최하진 지음

갓생의

법칙

스펙 끝판왕 쌤의 10대 전용
'갓생' 공략집
LOGIN

나무&가지

추천사

갓생 서버 접속 완료!
12인의 베타 테스터가 보낸
리얼 플레이 로그

**"단 20분, 멈췄던 심장이
다시 뛰기 시작한 이들의 고백"**

• • •

PLAYER LOG 🎮
NPC 인생에서 주인공으로 전직하다

RE-LOG 학교와 학원만 무한 반복하던 내 인생이 이 책을 읽고 드디어 나만의 갓생 퀘스트를 수락 했습니다. 이제 NPC는 졸업입니다.

ITEM GET 성경이 지루하다고 생각했다면 오산 입니다. 이건 인생의 온갖 억까 상황을 한 방에 뚫 어주는 전설의 공략집이자 진짜 치트키입니다.

AFK EXIT 학원 가는 버스 안에서 릴스 대신 이 책을 펼쳤습니다. 20분 만에 가슴이 뻥 뚫리고 눈빛이 달라지는 경험은 실화입니다.

• • •

ADMIN LOG 🛠️
자녀와 같은 서버에서 대화하기 시작했습니다

CHANNEL OPEN 맨날 싸우던 아들과 오늘 퀘스트는 뭐니?라고 묻기 시작했습니다. 끊겼던 소통 채널이 드디어 복구되었습니다.

SWAG UP 불안한 스펙에만 목매던 시절은 끝났습니다. 이제 아이에게 하나님이 주시는 진짜 스웩을 가르치기로 했습니다.

FAST BOOT 책을 건네준 지 20분 만에 아이의 태도가 바뀌었습니다. 쳇바퀴 돌던 일상이 사명의 좌표로 재부팅되었습니다.

GUILD MASTER LOG ⚔️
아이들의 가슴에 복음의 좌표를 찍다

PATCH COMPLETED 아이들에게 성경을 어떻게 가르칠지 매주 고민이었는데 이 책으로 그 고민에 종지부를 찍었습니다.

GUILD JOIN 반 아이들과 갓생 길드를 만들었습니다. 성경 인물들의 삶이 게임 구조로 설명되니 아이들이 당장 가입하겠다고 난리입니다.

BUFF ACTIVATED 권면과 위로가 완벽한 밸런스로 담겨 있습니다. 학생들에게 부담 없이 영적 자극을 주는 최고의 훈련 도구입니다.

● ● ●

RECOVERY LOG 🛡️
무너진 일상이 하나님의 시나리오로 복구되다

LOG-OUT 스마트폰 알고리즘의 감옥에 갇혀 살던 우리 아이가 스스로 영적 로그아웃을 선언했습니다. 이 책이 준 가장 큰 기적입니다.

SYSTEM FIX 아이를 위한 책인 줄 알았는데 읽다 보니 제 인생의 렉이 먼저 보였습니다. 저부터 다시 복음으로 로그인하게 됩니다.

? → ! 진로에 대한 수많은 물음표가 하나님의 마음을 읽고 나니 명확한 마침표로 바뀌었습니다. 이제 더 이상 두렵지 않습니다.

Contents

Part 3
엔딩이 다른 인생: "너의 스토리는 이제 시작이야"

START
튜토리얼

인생 렉(Lag)을 뚫어줄
치트키를 입력하라

지금 네 인생,
'로그인'은 되어 있니?

솔직히 말해보자.

매일 아침 눈뜰 때 설레니?

학교 가고

학원 가고

집에 오면 밤 10시.

누가 짜놓은 스케줄대로

영혼 없이 움직이는 네 모습.

사람들은 그걸

'성실함'이라 부르지만

게임 용어로는 딱 이게 맞아.

"NPC(Non-Player Character)"

주인공이 시키는 대로만 움직이고

정해진 말만 반복하는

배경 같은 존재 말이야.

남들이 시키는 공부 하고

남들 유행하는 거 따라 하고

남들 눈치 보느라 바쁜 인생.

그게 진짜 네가 원하던

인생의 모습은 아니잖아?

왜 네 인생에만
'렉(Lag)'이 걸릴까?

열심히는 하는데

성적은 제자리걸음.

친구 관계는 꼬이고

미래는 뿌연 안개 속.

분명히 달리고 있는데

화면은 멈춰있는 것 같은 답답함.

우린 그걸 '인생 렉'이라고 불러.

왜 이런 일이 생길까?

네가 실력이 없어서?

운이 나빠서?

아니야.

인생이라는 거대한 게임의

'매뉴얼'을 몰라서 그래.

너를 만드신 분이 누구니?
이 세상이라는 스테이지를 설계한
'최종 마스터'가 누구셔?
바로 하나님이시지.
세상은 자꾸 네 인생에
가짜 프로그램을 깔려고 해.
"돈이 최고야", "성적이 전부야."
그 가짜들이 네 인생에 들어와서
'렉'을 일으키고 있는 거야.

12명의 레전드가 전수하는 '치트키'

이 책은 단순한 도덕 책이 아냐.
인생의 렉을 단번에 해결해줄
'영적 공략집'이야.

수천 년 전,
너보다 더 심한 렉에 걸렸던
12명의 레전드 선배들이 있어.

- 금수저 버리고 맨땅에 헤딩한 **아브라함**
- 인생 '억까'를 실력으로 뚫어버린 **요셉**
- 돌멩이 하나로 거인을 때려잡은 **다윗**
- 스마트폰 중독보다 무서운 유혹을 이긴

  다니엘

그들은 어떻게 NPC에서 벗어나
역사를 뒤흔드는
'하드캐리어'가 되었을까?
그들이 직접 사용했던
12가지 치트키를 하나씩 공개할게.
자, 이제 진짜 'God-생' 모드로

접속하자.

공부는 지루한 노동이 아니라

세상을 구하기 위한 '퀘스트'가 될 거야.

네 약점은 부끄러운 흉터가 아니라

하나님이 일하시는

'히든 스킬'이 될 거야.

준비됐니?

이제 남의 인생 구경하는

시청자 모드는 꺼버려.

네 손에 쥐어진 마우스를 잡고

직접 플레이어가 되어봐.

하나님이 설계하신

가장 힙하고 독보적인 인생 시나리오가

지금 너를 기다리고 있어.

3, 2, 1…

갓생(GOD-LIFE) 모드로 로그인합니다!

GOD-LIFE

Part 1

멘탈 갑(甲) 되기

"쫄지마, 너는 하나님의 캐릭터야"

LV 1
아브라함

방구석 랭커는 그만!
안전지대 밖으로
'로그아웃' 하라

Skill **도전정신** _ 익숙한 것을 떠나는 용기

Intro

이불 안이 더 위험해! 🛏

솔직히 말해봐.

지금 네가 제일 좋아하는 장소.

에어컨 빵빵하고

와이파이 터지고

엄마가 밥 차려주고

충전기 손에 닿는

네 방 침대 위 아니니?

유튜브 보고

릴스 넘기다 보면

어느새 시간은 순삭.

사람들은 그걸

안전지대(Comfort Zone)라고 불러.

근데 그거 아니?

레벨 1짜리 초보자가

슬라임한테 맞기 싫다고

마을 밖으로 안 나가면?

평생 레벨 1이야.

만렙은커녕

전직도 못 해.

그냥 마을 NPC로

살다 끝나는 거야.

성경의 아브라함 선배도

처음부터 대단하진 않았어.

이 레전드의 위대한 점.

딱 하나야.

'안전지대'에서

과감하게 로그아웃했다는 것.

하나님은 너를

'키보드 워리어'로

부르지 않으셨어.

세상을 뒤집을

플레이어로 부르셨단다.

자, 이제 이불 걷어차고

아브라함 선배의

갓생 공략법을 들어보자.

'금수저' 라이프를 버려라 

아브라함이 살던 곳은

뉴욕이나 강남 같은

아주 핫한 플레이스였어.

아빠는 잘나가는

우상 제조업 CEO.

가만히 있어도

재산 물려받고

떵떵거릴 수 있는

금수저였지.

인생 난이도는

Easy 모드였어.

그런데 어느 날

하나님이 던지신 퀘스트.

"네 고향과 친척과 집을 떠나,
내가 보여 줄 땅으로 가라."
좌표도 안 찍어주시고
무작정 "가라"고 하셨지.
친구들은 다 말렸을 거야.
"야, 너 돌았냐?"
"거긴 사막이야!"
이때 아브라함의 반응.
진짜 간지야.
군말 없이
짐 싸서 떠났어.
왜 그랬을까?
아브라함은 알았던 거야.
"여기 있으면 몸은 편하지만
내 영혼은 썩는다."
진짜 멋진 인생은

부모님 카드로 사는 게 아냐.

하나님 손 잡고

모험하는 인생이지.

남들이 정해놓은 코스.

안전해 보이는 길.

하지만 하나님은 말씀하셔.

"야, 그거 네 길 아니야."

"거기서 나와."

"내가 준비한 진짜

스펙터클한 맵(Map)이 있어."

Quest 2

가이드만 믿고 가라 

아브라함은

갈 바를 알지 못하고

그냥 나아갔어.

요즘 말로 하면

완전 무계획이지.

우린 계획 없으면

불안해 미치잖아.

근데 생각해 봐.

네가 여행을 가는데

가이드가 마스터(Master) 예수님이야.

그럼 너 길 몰라도

되지 않겠니?

그냥 가이드 뒤만

졸졸 따라가면

그게 최고의 여행이지.

아브라함은 지도가 아니라

가이드(하나님)를 믿었어.

하나님은 10년 뒤를

한 번에 보여주지 않으셔.

대신 딱 오늘 하루

네가 걸어야 할

한 걸음만 비춰주셔.

불안해하지 마.

네 인생 내비게이션은

고장 난 게 아냐.

하나님이 직접

운전하고 계신 거야.

조수석에서

하나님을 신뢰하며

"렛츠 고!"만 외치면 돼.

Let's Go!

Quest 3

네 마음의 '최애'는 누구니? 

아브라함이 떠난 건

단순히 이사가 아냐.

고향을 떠나며

목숨을 건 결단이었고

아빠가 섬기던

우상을 버린 거야.

너한테도 우상이 있어.

불상 말하는 게 아냐.

하나님보다 더 의지하고

더 사랑하고

없으면 죽을 것 같은 거.

그게 뭐야?

스마트폰?

성적?

인정받고 싶은 욕구?

하나님이 널 부르신 건

그 우상들에게서

너를 구출하기 위해서야.

"폰이 널 행복하게 해주니?"

"성적이 네 인생 책임져?"

"아니야."

"내가 네 진짜 주인이야."

아브라함 선배가 멋진 이유.

하나님을 위해

가장 소중한 것을

기꺼이 베팅했기 때문이야.

진짜 베팅은

도박장에서 하는 게 아냐.

인생을 걸고

하나님께 올인하는 거.
그게 진짜
플레이어의 베팅이지.

Level up

로그아웃 버튼을 눌러! 

아브라함 선배가 묻는다.
"언제까지 방구석에 있을래?"
"언제까지 남 탓만 할래?"
지금 네 눈앞에
두 개의 버튼이 있어.
하나는
[현실 안주: 살던 대로 살기]
다른 하나는
[새로운 도전: 하나님 믿고 지르기]

아브라함은
두 번째 버튼을 눌렀어.
그래서 레벨 99 만렙을
찍은 거야.
너도 할 수 있어.
오늘 당장
작은 것부터 떠나 봐.
게임 줄이기
새벽 기도하기
나쁜 말 친구 멀리하기
그 작은 떠남들이 모여
너를 하나님의 거인으로
만들 거야.
쫄지 마.
너는 안전지대에 갇히기엔
너무 큰 존재니까.

자, 진짜 모험을
시작해 볼까?

Mission

- ✅ 내가 로그아웃 해야 할 나쁜 습관은
  무엇이니?

- ✅ 딱 하루만 폰 끄고 30분만 산책해
  보자.

LV 2
요셉

구덩이에 빠졌어?
거기가 바로 '히든 맵'이야

Skill 멘탈관리 _ Faith-stay 정신

Intro

인생이 '억까'일 때 

너 혹시 이런 기분
느껴본 적 있니?
"나한테만 왜 이래?"
"내가 뭘 잘못했는데?"

뒷담화 까는 친구들

나 몰라주는 쌤들

바닥을 기는 성적.

세상이 단체로 너를

'억까' 하는 것 같은 기분.

멘탈이 쿠크다스처럼

바사삭 부서질 때.

보통 우리는 어떻게 해?

방구석에서 이불 킥 하거나

"이번 생은 망했어" 하며

포기해 버리지.

게임으로 치면

'탈주'하는 거야.

그런데 여기

'억까'의 레전드 선배.

바로 요셉이야.

왕따 당하고
인신매매 당하고
누명 쓰고 감옥까지.
근데 결과는?
이집트 총리로 '떡상'.
이 선배의
독보적인 영적 맷집을
한번 배워보자.

Quest 1

채색옷을 벗어야 한다 

요셉은 원래
'파파보이'였어.
아빠 사랑 독차지하며
명품 옷만 입고

고자질이나 하던 애였지.

솔직히

철이 너무 없었어.

하지만 하나님은

그걸 두고 보지 않으셨어.

화려한 '채색옷'을

확 벗겨 버리셨지.

너도 지금

부모님이 사주는 옷

용돈, 학원비…

그거 네 실력 아냐.

그게 바로 너의 채색옷이야.

하나님은 가끔

네가 의지하던 것들을

뺏어가시곤 해.

왜일까?

너 미워서? 아냐.
네가 입은 거품을
걷어내야만
진짜 단단한
'믿음의 갑옷'을
입을 수 있거든.
노예복을 입은 요셉은
비로소 강해졌어.

구덩이는 '히든 던전'이다 

요셉의 인생은
롤러코스터였어.
구덩이에서 노예로
노예에서 감옥으로.

보통 멘탈이면
벌써 흑화했을 거야.
근데 요셉은
불평 한마디 안 해.
대신 그 상황에서
'성실함'으로 승부했지.
그곳에서 경제를 배우고
정치를 배우며
사람 다루는 법을 익혔어.
요셉에게 구덩이와 감옥은
실패한 곳이 아냐.
총리가 되기 위한
'실무 훈련장'이었지.
지금 네 어려움?
그거 망한 거 아냐.
하나님이 너를

레벨업 시키려고 숨겨둔
'히든 던전'이야.
거기서 몬스터 잡으며
경험치 쌓는 중인 거야.
그러니 도망치지 마.
그 자리에서 버텨.
그게 나중에
네 큰 무기가 될 거야.

Quest 3

복수 대신 '해석'하라 

드디어 복수의 시간.
총리가 된 요셉 앞에
형들이 나타났어.
"그때 나 죽이려 했지?"

"너희 다 죽었어!"
그래도 누구 하나
뭐라 할 사람 없었지.
하지만 요셉 레전드는
명대사를 날려.
"하나님이 생명을 구하려고,
나를 먼저 보내신 겁니다."
요셉은 재수 없게
당했다고 생각하지 않았어.
하나님이 큰 그림 그리려고
나를 파견하셨다고 해석했지.
이걸 '영적 해석 능력'이라 해.
세상 애들은 건드리면
이를 갈며 복수하지만
갓생 사는 하나님의 자녀는
해석이 달라.

상황을 다르게 해석하면
상처가 사명이 돼.
하나님의 뜻을 묻는 플레이어는
결국 세상을 살리는 거야.

Level up

'거룩한 인내' 모드 ON! 

요셉 선배가 묻는다.
"야, 징징대지 마."
"하나님이 네 시나리오
작가인데 뭐가 걱정이야?"
지금 네 자리가 감옥 같니?
그럼 축하해.
너는 지금
위대하게 쓰임 받을

준비를 하는 중이야.

도망치지 말고

하나님 붙들고 버텨.

네 눈물과 억울함

하나님이 다 갚아주셔.

그날이 오면 너는 알 거야.

"그 구덩이가 날 살렸구나!"

Mission 🎯

✅ 너를 가장 힘들게 하는 '억까' 상황은 무엇이니?

✅ 그 상황을 '하나님의 큰 그림'으로 다시 해석해서 써보자.

LV 3
모세

금수저 왕자보다
'광야의 지팡이'가 더 힙해

Skill **자존감** _ 하나님의 스웩(Swag)

Intro

가오 잡는 애들? 

너네 반에도 있지?

명품으로 도배하고

아이폰 신상 샀다고

으스대는 애들.

그걸 플렉스라 한다지.

근데 솔직히

걔네가 멋있어 보여?

아니면 왠지

좀 짠해 보이니?

자존감 높은 사람은

겉치장에 목숨 안 걸어.

티셔츠 한 장에도

아우라가 뿜어 나오지.

오늘 만날 모세 선배.

딱 그런 케이스야.

이 선배 원래

이집트 왕자였어.

권력, 돈, 지식

모두 가진 금수저였지.

근데 하나님은

그 시절 모세는

쳐다도 안 보셨어.

오히려 다 늙어

지팡이 짚은

양치기 할배를 쓰셨지.

도대체 왜?

진짜 스웩은

왕궁의 스펙이 아니라

광야의 먼지 속에서

만들어지기 때문이야.

Quest 1

왕자병 치료하기 

모세는 40살까지

자신만만했어.

"나 모세야!"

"내 주먹이면 다 끝나!"

어느 날 욱해서

사람을 때려죽였지.

그때 모세의 생각.

'내 힘으로 구하겠어!'

근데 결과는?

살인자가 되어

도망자 신세가 됐어.

왜 망했을까?

자기 힘이

너무 들어갔기 때문이야.

"내가 할 수 있다"는 건

자신감이 아냐.

교만이지.

하나님은 어깨에

힘 잔뜩 들어간 사람
절대 안 쓰셔.
너 혹시 지금
"나 좀 잘나" 하면서
깁스하고 다니니?
조심해.
하나님이 부러뜨리기 전에
스스로 힘 빼는 게 좋아.

Quest 2

광야 학교: I am Nobody 

왕자였던 모세가
도망간 곳은 광야.
거기서 40년 동안
양 똥이나 치웠어.

명품 옷 대신

냄새나는 옷을 입고

양들이랑 대화했지.

사람들은 그랬을 거야.

"인생 망했네."

그런데 이 40년이

최고의 멘탈 훈련이었어.

"아, 나는 대단한 사람이 아니었구나."

"타이틀 떼니까,

그냥 힘없는 노인이구나."

진짜 자존감은

내 약함을 인정하는 데서

시작되는 거야.

"나는 부족해요."

"나는 별거 아니에요."

이걸 쿨하게 인정하는 놈이

진짜 무서운 놈이야.
하나님은 모세의
힘이 완전히 빠질 때까지
40년을 기다리셨어.

지팡이 하나면 충분해 

80세 할배 모세 앞에
하나님이 나타나셨어.
"가서 내 백성을 구해라."
이제 모세는
쭈글쭈글해져서 말해.
"전 못 해요."
"능력이 없어요."
그때 하나님이 물으셔.

"네 손에 있는 게 무엇이냐?"

모세가 대답해.

"지팡이입니다."

그냥 낡은 막대기 하나.

근데 하나님이 말씀하셔.

"그거면 됐다."

"내가 함께 하겠다."

그 지팡이를 드니까

홍해 바다가 갈라졌어.

초라한 지팡이가

하나님의 지팡이가 된 거야.

너한테 지금 뭐가 있니?

남들 같은 과외 못 받아?

성적이 별로야?

상관없어.

네 손에 쥔 게

낡은 볼펜이라도.
네가 하나님을 붙잡으면
그건 세상을 바꾸는
무기가 되는 거야.

Level up

너만의 스웩을 찾아라 

모세 선배가 묻는다.
"야, 겉멋 좀 그만 부려."
진짜 자존감은
'내가 짱이다'가 아냐.
'내 뒤의 하나님이'
'짱이다'라고 믿는 거지.
친구들이 명품 자랑할 때
부러워하지 마.

"너넨 구찌 입니?"

"나는 하나님 입는다."

이런 배짱이

있어야 하는 거야.

네 약점을 하나님 앞에

솔직하게 꺼내놔 봐.

그때부터 네 인생의

진짜 드라마가 시작될 거야.

Mission

- ✅ 있어 보이려고 '척' 했던 것 회개하기.

- ✅ 내 손의 초라한 것을 하나님께 드려 보기.

LV 4
여호수아

생각만 하다 늙을래?
일단 발부터 담가!

Skill **실행력** _ 쫄지 말고 지르기

Intro

뇌에 '렉' 걸린 너에게 

너 혹시 이런 스타일?

공부해야지

운동해야지

사과해야지…

생각은 엄청나게 해.
이미 우주 정복까지
다 마쳤어.
근데 막상 몸은
침대와 물아일체.
"아, 내일부터."
"기분 별로니까 패스."
이걸 전문 용어로
'뇌내 망상'이라 해.
생각이 너무 많으면
인생에 '렉(Lag)'이 걸려.
결국 기회는 날아가고
"아, 그때 할걸..."
'껄무새'가 되는 거지.
오늘 만날 여호수아 선배.
주특기는 몸 쓰기야.

계산기 두드리지 않고
하나님이 가라 하시면
바로 튀어 나가는
행동 대장이지.
여호수아 선배가
네 '렉'을 뚫어줄게.

Quest 1

홍해와 요단강은 달라 

가나안에 들어가려면
요단강을 건너야 했어.
근데 옛날 홍해 때랑
공략법이 완전히 달랐지.
모세 때는 바다가
'먼저' 갈라졌어.

근데 여호수아 때는
하나님이 말씀하셔.
"강물에 발을 담그면,
그때 물이 멈출 것이다."
물이 갈라져야 들어가지
들어가야 갈라진다니?
옆에서 다들 그랬을 거야.
"빠져 죽으면 어떡해?"
근데 여호수아 선배는?
"닥치고 입수!"
진짜로 발을 물에
'첨벙' 담갔어.
그 순간 기적이 일어나
강물이 멈춰 섰지.
하나님의 공식은 이거야.
"네가 먼저 발을 담가야"

"내가 길을 연다."
발을 담가야
요단강이 갈라지는 거야.
구경만 하는 놈에겐
기적은 절대 안 와.

Quest 2

바보 같아도 그냥 해! 

요단강 건넜더니
보스 몹 여리고 성.
하나님의 전략은
더 기가 막혀.
"하루 한 바퀴씩 돌아라."
"아무 말도 하지 말고."
계산 빠른 애들은

절대 못 해.

"비효율적이다"

불평만 했겠지.

근데 선배들은 했어.

그것도 입 꾹 다물고.

왜 입을 다물라 하셨을까?

입 열면 불평이

튀어나올 게 뻔하니까.

부정적인 말은

전염병이거든.

결과는? 소리 지르자마자

성벽이 무너졌어.

머리로 이해하려 마.

그냥 순종해 봐.

묵묵히 도는 놈이

결국 성을 무너뜨려.

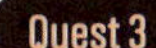

이 산지를 내게 주소서 

베프 갈렙 선배 이야기.

땅을 나눌 때 다들

좋은 땅 차지하려고

눈치 게임 했어.

근데 85세 갈렙이

나와서 외쳤지.

"이 산지를 지금 내게 주소서!"

거긴 거인족이 사는

최악의 난이도였어.

다들 피하는 곳을

일부러 달라고 한 거야.

진짜 '간지'는

어려운 길을

선택하는 거야.
"하나님, 저 어려운 문제"
"제가 풀게요."
이런 거룩한 야성이
있어야 세상을 정복해.

Level up

고민은 배송만 늦출 뿐! 

여호수아 선배가 묻는다.
"언제까지 시뮬레이션만 돌릴래?"
꿈이 있니?
그럼 계산기 그만 두드려.
걱정은 나중에 해.
일단 발부터 담가.
안 하고 후회하는 것보다

깨지는 게 백배 나아.

그래야 맷집이라도

생기니까.

지금 정복해야 할

네 여리고 성은 뭐니?

핑계 대지 말고

오늘 바로 시작해.

네가 움직이는 순간

기적도 시작될 거야.

Mission 🎯

☑️ 미루고 있는 일 딱 하나 정하기.

☑️ "3, 2, 1, 발사!" 외치고 바로 시작하기.

GOD-LIFE

Part 2

넘사벽 실력 쌓기

"세상 말고 하나님께 '좋아요'를 받아"

LV 5
에스더

인생 역전의 타이밍?
목숨 걸 때 온다

Skill **결단력** _ 기회가 왔을 때 올인하는 배짱

Intro

'무한 버티기' 끝에 오는
'골든 타임' ⏰

친구들, 게임할 때

제일 짜릿한 순간이 언제니?

팀원들 다 죽고

나 혼자 남았는데

결정적인 순간에

'궁극기' 써서

판을 뒤집을 때 아니야?

우린 그걸

'하드캐리'라고 불러.

인생에도 그런 타이밍이 와.

지금은 존재감 없고

아무도 안 봐주는 것 같지?

하지만 하나님은

너를 위한 한 방,

'골든 타임'을 준비하고 계셔.

오늘 만날 에스더 선배.

원래는 '흙수저'였어.

나라 잃은 난민 출신에

부모님도 없는 고아였지.

그런데 어느 날 갑자기

제국의 왕후로

인생이 '떡상'해.

진짜 하이라이트는 그 다음이야.

민족이 다 죽게 생긴 위기에서

자기 목숨을 걸고

판을 뒤집어 버리거든.

"죽으면 죽으리이다."

이 한 마디로 역사를 바꾼

'타이밍의 여왕' 에스더의

필살기를 배워보자.

Quest 1

'흙수저'라고 기죽지 마

에스더는 출발선부터

마이너스였어.

고아에 포로 출신.

왕따 당하기 딱 좋은 조건이지.

그런데 에스더는

자기 출신을 숨기고

왕후 선발 오디션에 나가.

그리고 수많은 경쟁자를 제치고

왕의 마음을 사로잡지.

에스더가 예뻐서 됐을까?

성경은 에스더가

'모든 사람에게 사랑을 받았다'고 해.

이건 외모가 아니라

'매력'이고 '태도'야.

어려운 환경에서도 구김살 없이

겸손하고 지혜롭게 행동하니

빛이 난 거지.

너네 집이 좀 어렵니?

공부를 좀 못 하니?

부끄러워하지 마.

하나님 손에 들리면

그게 '히든 카드'가 돼.

"쟤는 저런 상황에서도 밝네?"

"쟤는 뭔가 좀 다르네?"

이게 너를 특별하게 만드는 무기야.

세상 애들이 스펙 자랑할 때

너는 하나님이 만드신

스토리로 승부해.

Quest 2

"이때를 위함이라" 

왕후가 된 에스더.

이제 맛있는 거 먹고

'꿀 빠는 인생' 살면 그만이야.

그런데 삼촌 모르드개가

충격적인 소식을 전해.

"나쁜 놈 하만이 우리 민족을

다 죽이려고 한다."

"네가 왕한테 가서 말 좀 해라."

에스더는 무서웠어.

왕이 부르지도 않았는데 나가면

그대로 사형이었거든.

이때 모르드개가

뼈 때리는 말을 날려.

"네가 왕후가 된 것이"

"이때를 위함이 아닌지 누가 아니?"

정신이 번쩍 들지 않니?

하나님이 널 왜 그 학교에 보내셨을까?

왜 너한테 그런 재능을 주셨을까?

그저 너 혼자 잘 먹고 잘 살라고?

아니야.

결정적인 순간에

누군가를 살리라고(Carry),

그 자리에 꽂아두신 거야.

"나만 아니면 돼" 하는

이기적인 생각은 버려.

네가 가진 재능과 자리는

하나님이 맡겨두신 '공적인 무기'야.

Quest 3

"죽으면 죽으리이다" 

에스더는 고민 끝에 결단을 내려.

3일 동안 먹지도 마시지도 않고

금식 기도한 뒤에

왕 앞으로 나가기로 해.

그리고 그 유명한 말을 남기지.

"죽으면 죽으리이다(If I perish, I perish)."

이게 진짜 '깡'이지.

세상 애들은 손해 안보려고

계산기만 두드리지만

진짜 멋진 놈은

손해를 보더라도

해야 할 일이면 한다는 배짱이 있어.

결과는?

왕이 에스더를 보자마자
그 당당한 아우라에 완전히 압도되었어.
결국 나쁜 놈 하만은 처형당했고
민족은 구원받았지.
너도 인생에 한 번쯤
승부수를 던져야 할 때가 와.
친구들이 나쁜 짓 할 때
"난 안 해!"라고 말하는 용기.
모두가 "Yes" 할 때
"No"라고 말할 수 있는 용기.
죽을 각오로 덤비면
하나님이 무조건 살려주셔.
비겁하게 숨는 놈이 죽는 거고
목숨 건 놈이 '역전의 주인공'이
되는 거야.

Level up

너의 '타이밍'은 지금이야! 

에스더 레전드가 묻는다.

"너 지금 뭐 하러 학교 다니니?"

"그냥 급식 먹으러 다니니?"

하나님이 너를 지금 그 반(Class)에

두신 이유가 분명히 있어.

왕따 당하는 친구가 보이니?

선생님이 힘들어 보이니?

그때가 바로

네가 나설 '타이밍'이야.

에스더처럼 기도하고 용기 내 봐.

"하나님, 제가 이 친구를 위해"

"기도하겠습니다. 나서겠습니다."

"죽으면 죽으리이다!"

너는 그냥 학생이 아니야.

하나님이 심어둔 '비밀요원'이야.

네가 움직이면 판이 뒤집혀.

Mission 🎯

✅ 내가 속한 곳에서 내가 도울 수 있는 사람은 누구니?

✅ 이번 주에 그 사람을 위해 용기 내어 행동해 보자.

LV 6
다윗

돌멩이 하나로
짱 먹는 법

Skill **실력과 영성** _ 나만의 무기 갈고닦기

Intro

'비주얼 센터'가 아니어도
주인공! 

아이돌 그룹 보면

딱 중간에 서는 애 있지?

제일 잘생기고 예쁜 애.

우린 걔를 '비주얼 센터'라고 불러.

세상은 비주얼을 엄청 따져.

키 크고 옷 잘 입으면

"와~" 하고 떠받들어 주지.

학교에서도

공부 잘하거나

집 잘 살거나

싸움 잘하거나…

뭐 하나라도 있어야

인정받는 것 같아.

근데 오늘 만날 다윗 선배.

완전 '비주류'였어.

형들은 다 키 크고 잘생긴

'엄친아'들이었는데

다윗은 막내에다 키도 작고

맨날 양 똥 치우는

냄새나는 목동이었어.

아빠조차도

"다윗? 걔가 뭐 볼 거 있나?"

무시할 정도였지.

근데 결과는?

잘난 형들 다 제치고

이스라엘의 왕이 됐어.

하나님은 다윗의

어디를 보고 꽂히신 걸까?

답은 딱 하나야.

'중심(Heart)'.

껍데기가 아니라 알맹이로 승부한

다윗 선배의 필살기를 배워보자.

Quest 1

하나님은 '심빠'다 

사무엘 선지자가 왕을 뽑으러
다윗네 집에 왔어.
첫째 형이 등장하는데
비주얼이 장난 아니야.
근데 하나님이 거기서
찬물을 확 끼얹으셔.
"사람은 외모를 보거니와
나 여호와는 중심을 보느니라."
무슨 말이게?
"야, 나 얼굴 안 본다."
"나 스펙 안 본다."
"네 마음(Heart)이"
"'찐'인지 아닌지만 본다."

하나님은 '얼빠'가 아니라
마음만 보는 '심빠'야.
다윗이 혼자 양 칠 때
아무도 안 봐줬잖아.
근데 다윗은 거기서 찬양하고
목숨 걸고 양을 지켰어.
하나님은 그 '성실함'을
CCTV처럼 다 보고 계셨던 거야.
지금 아무도 안 알아준다고 섭섭하니?
독서실 구석에서 묵묵히
네 할 일을 하고 있니?
걱정 마. 하나님이 지금
네 중심에 '좋아요' 누르고 계셔.
보여주기식 스펙 말고
진짜 실력을 쌓아.
그게 롱런하는 비결이야.

Quest 2

너만의 '짱돌'을 들어라 

골리앗과 맞짱 뜨는 날.

이스라엘 군인들은 쫄아서 숨었어.

키가 3미터나 되는 거인이

칼 들고 설쳐대니까.

사울 왕이 걱정돼서

자기 갑옷과 칼을 줬지.

"야, 이거라도 입고 나가라."

다윗이 입어봤는데

너무 크고 무거워.

여기서 다윗의 선택.

"이거 저한테 안 맞아요."

"그냥 제가 하던 대로 할게요."

갑옷 훌렁 벗어 던지고

평소 쓰던 막대기와

'돌멩이' 5개 주워 나갔어.

핵심은 이거야.

어른들이 자꾸 너한테

남의 갑옷을 입히려고 하지?

좋아 보일 수는 있어도

너한테 안 맞으면

그건 그냥 고철 덩어리야.

남들 따라 하지 마.

너만의 무기(Weapon)를 찾아.

다윗에겐 돌 던지는 기술이 무기였어.

남들이 볼 땐 하찮아도

갈고닦으니까 골리앗을 뚫는

핵미사일이 됐잖아.

네가 좋아하는 게 뭐니?

요리? 코딩? 영상편집?

하찮게 생각하지 마.
하나님 손에 들리면
그게 '다윗의 물맷돌'이 돼.
네 손에 있는 돌멩이 하나를
최고로 만들어봐.

Quest 3

넘어져도 '오뚝이'처럼 

다윗 선배도 실수는 했어.
아주 대형 사고를 쳤지.
잘못된 욕망에 빠져
남의 아내를 탐낸 죄를 지었지.
심지어 그 남편을 죽게 만들었어.
하나님이 "너, 죄인이야!" 지적했을 때
보통 왕 같으면 선지자를 죽였을 거야.

근데 다윗은 바로 무릎 꿇고

펑펑 울며 회개했어.

"제가 죄를 지었습니다."

"잘못했습니다."

침대가 젖을 정도로 울었대.

이게 다윗이

사랑받는 진짜 이유야.

완벽해서가 아니라

틀렸을 때 바로 돌아오는

'회복탄력성'이 좋았기 때문이지.

너도 살다 보면 죄지을 수 있어.

중요한 건 그다음이야.

숨기거나 핑계 대지 마.

하나님 앞에 가서

"저 쓰레기 짓 했습니다"

"살려주세요" 하고 엎드려.

그럼 하나님이 '포맷' 버튼 눌러주셔.
진짜 쎈 놈은 안 넘어지는 놈이 아냐.
넘어졌을 때 스프링처럼
튀어 오르는 놈이야.

Level up

돌멩이 챙겨서 나가자! 

다윗 선배가 묻는다.
"야, 쫄지 마."
"골리앗 덩치만 컸지 허당이야."
지금 네 앞의 골리앗은 뭐니?
"시험 망치면 인생 끝이야."
"대학 못 가면 루저야."
세상은 자꾸 너를 겁줘.
그때 다윗처럼 외쳐 봐.

"너는 스펙과 돈으로 오냐?"

"나는 여호와의 이름으로 나간다!"

그리고 주머니 속의

네가 제일 잘하는 '돌멩이'를 던져.

지금은 작아 보여도

하나님이 방향만 잡아주시면 명중이야.

Mission 🎯

☑ 내가 진짜 잘할 수 있는 '나만의 돌멩이' 1개 찾기.

☑ 자기 전, 내 마음에 하나님이 싫어하실 바이러스가 있는지 기도로 검사해보기.

LV 7
다니엘

스마트폰 좀 꺼볼래?

Skill 구별됨 _ 디지털 바벨론에서 살아남는 집중력

Intro

도파민 중독, 뇌가 녹고 있어 

솔직히 까놓고 말해보자.

하루에 스마트폰 몇 시간 하니?

유튜브, 릴스, 틱톡…

무한으로 넘기다 보면

2시간은 순삭이지.

이걸 '도파민 중독'이라 해.

뇌가 자극적인 것에 절여져서

조금만 지루해도 못 참는

'팝콘 브레인'이 되는 거야.

근데 오늘 만날 다니엘 선배가

살던 곳이 딱 그랬어.

'바벨론'이라는 제국은

지금의 클럽보다 더 화려하고

유혹적인 곳이었어.

다니엘은 포로였지만

외모와 머리가 좋은 '연습생'으로 뽑혀

왕궁에 들어갔지.

왕이 주는 최고급 뷔페 먹으며

시키는 대로 하면 인생 탄탄대로야.

근데 이 선배, 갑자기 선언해.

"나 왕이 주는 음식 안 먹어."
"채소만 먹을래."
굴러들어 온 복을 걷어찬 거야?
다니엘은 알았던 거지.
달콤한 것들이 결국 자기 영혼을 망치는
'독'이라는 걸.
진짜 '뇌섹남'은
아무거나 주워 먹지 않아.

알고리즘의 노예가 되지 마 

"다니엘은 뜻을 정하여"
자기를 더럽히지 않기로 했어.
왕의 음식은 우상에게 바쳐진
영적으로 더러운 제물이었거든.

지금 너한테 '왕의 음식'은 뭐니?

웹툰? 게임? 어둠의 링크?

친구들이 "야, 이거 안 보면 찐따야"

꼬드겨도 다니엘은 "NO"라고 했어.

"나는 하나님 믿는 사람이야."

"내 영혼을 쓰레기로 채울 수 없어."

이게 바로 '거룩한 구별됨'이야.

남들 다 한다고 쫄지 마.

"야, 나 그런 거 안 봐. 수준 떨어져."

이렇게 튕길 줄 아는 놈이

진짜 간지나는 거야.

썩은 물고기나 떠내려가는 법이지

살아있는 물고기는

물살을 거슬러 올라가.

Quest 2

10배의 지혜 

다니엘이 채소만 먹겠다고 하자

관리자가 걱정했어.

근데 열흘 뒤에 보니까?

고기 먹은 애들보다

얼굴이 더 뽀얗고 윤기가 흘러.

게다가 지혜와 총명은

다른 애들보다 10배나 뛰어났대.

이거 진짜 과학적이야.

네가 밤새 폰 보고 게임 하면

다음 날 머리는 멍하고(Brain Fog)

집중 1도 안 되지?

근데 미디어 끊고(디지털 디톡스)

말씀 보고 푹 자면?

뇌가 리셋되어 쌩쌩 돌아가.

집중력이 미친 듯이 올라가.

공부 잘하고 싶니?

학원 끊기 전에 스마트폰부터 끊어.

다니엘의 지혜는 타고난 게 아냐.

더러운 걸 차단해서 얻은

'영적 맑음'에서 나온 거야.

Quest 3

기도의 루틴 

다니엘이 잘나가자

질투하는 놈들이 함정을 팠어.

"왕 말고 다른 신한테 기도하면,

사자 굴에 던진다!"

다니엘 죽이려는 법이었지.

보통 같으면 "이불 속에서 몰래 하자"

타협했겠지만

다니엘 선배 클래스 봐봐.

창문을 열고 기도했어.

나 잡아가라 이거지.

이건 쇼맨십이 아냐.

다니엘에게 기도는 '생명줄'이었어.

숨 안 쉬면 죽는 것처럼

기도 안 하면 죽는다고 생각한 거야.

사자 밥이 될지언정

하나님과의 접속은 끊을 수 없다는 거지.

너도 하루 딱 한 번이라도

'영적 비행기 모드'를 켜 봐.

카톡, 인스타 다 끊고

하나님과만 접속하는 시간.

그 시간이 너를 사자 굴에서도 살려내.

___

친구들이 "야, 너 왜 연락 안 돼?" 하면
이렇게 말해.
"나 지금 하나님이랑 DM 중이야."

Level up
세상이 감당 못 할 놈! 

다니엘 선배가 묻는다.
"야, 뇌가 썩어가는데 보고만 있을래?"
"쓰레기통 비우고 진짜를 채워!"
네 주인은 누구니?
알고리즘이니, 하나님이니?
오늘부터 '뜻을 정해!'
"식사 때는 폰 안 본다."
"자기 전엔 폰 반납한다."
처음엔 불안하겠지만

딱 3일만 버텨 봐.

머리가 맑아지고

진짜 중요한 게 보이기 시작해.

세상 문화에 물들지 않고

꼿꼿하게 서 있는 너를 보고

세상은 이렇게 말할 거야.

"와, 쟤는 진짜 다르다."

Mission 🎯

- ✅오늘 하루 특정 시간에 '비행기 모드'로 살아보기.

- ✅내가 보는 나쁜 콘텐츠 하나 찾아 과감하게 '구독 취소' 하기.

LV 8
느헤미야

같이 가야 '인싸'지

Skill **공감 능력** _ 무너진 친구를 일으키는 리더십

Intro

'팀 플레이' 하자 

게임 할 때 제일 싫은 유형.
혼자 킬(Kill) 따려다 죽는 애
팀원들 탓만 하는 애.
이런 애들은 실력이 좋아도

함께 하기 싫은 '비매너'지.

학교에서도 똑같아.

친구 아파도 노트 안 빌려주는

전교 1등

조별 과제 때 자기만 돋보이려는

독불장군.

세상은 '똑똑하다' 할지 몰라도

하나님은 '아싸' 취급하셔.

진짜 '인싸'는

넘어진 친구 손잡고

결승선에 같이 들어가는 사람이야.

오늘 만날 느헤미야 선배.

페르시아 왕궁의 '고위 공무원'이었어.

혼자 잘 먹고 살면 되는데

무너진 고국 소식 듣고 펑펑 울며

휴직계 내고 달려갔어.

왜? '공감 능력'이 미쳤거든.
성벽뿐만 아니라
친구들의 마음까지 세운
느헤미야의 리얼 리더십을 배우자.

Quest 1

'눈물'을 선택해 

느헤미야는 왕이 술을 마시기 전
먼저 마셔보는 관원장이었어.
왕이 자기 목숨을 맡길 정도로
신뢰하는 최측근이었지.
어느 날 소식을 들어.
"고국 성벽이 다 무너지고"
"사람들 꼴이 말이 아니야."
나랑 상관없으니 넘길 수도 있었지만

느헤미야는 그 자리에서 주저앉아
며칠을 울며 금식했어.
"하나님, 저들을 어떡합니까…"
이게 진짜 리더의 자질이야.
너네 반에 왕따 친구 있지?
급식 혼자 먹는 친구 있지?
그걸 보고 무슨 생각이 드니?
"헐, 쟤 또 저러네" 비웃니?
아니면 마음이 아프니?
공부 머리보다 중요한 게
'가슴 머리(공감 지능)'야.
남의 아픔이 내 아픔처럼 느껴지는 거.
이게 없으면 나중에 의사가 돼도
환자를 돈으로만 보게 돼.
친구의 눈물을 닦아주는 자리가
더 멋진 곳임을 아는 게 진짜 스펙이야.

"우리 같이 하자" 

느헤미야가 성벽을 쌓기로 했을 때
혼자 "내가 다 할게!" 하지 않았어.
그는 백성들을 다 모아놓고 말했지.
"자, 우리가 당하는 어려움이 이렇다."
"일어나 건축하자!"
그리고 기막힌 전략을 써.
각자 자기 집 앞 성벽을 맡긴 거야.
"너는 여기, 쟤는 저기."
"우리는 한 팀이야."
내 집 앞이니까 책임감을 갖고
미친 듯이 일했지.
그 거대한 성벽을
52일 만에 다 쌓았어.

조별 과제 할 때
"니네 다 빠져, 내가 해" 하지 마.
그건 리더십이 아니라 독재야.
진짜 리더는 친구들이
각자 잘하는 걸 하게 판을 깔아주는
'인싸 리더'야.

Quest 3
악플러 대처법

성벽 쌓으니까 배 아파하는
악플러들이 등장했어.
조롱하고, 어그로 끌고
멘탈 공격을 해댔지.
이때 느헤미야는?
같이 욕하고 싸웠을까? 아니.

무시하고 할 일 했어.

대신 기막힌 명령을 내려.

"한 손에는 일을 하고,

한 손에는 무기를 잡아라."

이게 진짜 간지야.

누가 너한테

"네가 무슨 공부냐?" 비꼬면

말로 싸우지 마.

시간 낭비야.

그냥 한 손엔 펜(일) 잡고

한 손엔 기도(무기) 잡고 실력을 보여줘.

최고의 복수는 '압도적인 성공'이야.

네가 결과로 증명하면

걔네는 알아서

입 다물게 되어 있어.

Level up

'보수 공사' 전문가 

느헤미야 선배가 묻는다.

"너 혼자 잘나가면 뭐 하니?"

"옆에 친구는 울고 있는데."

학교 분위기가 엉망이니?

그럼 네가 그 반의 느헤미야가 되어줘.

남들 욕할 때 같이 욕하지 말고

왕따로 괴롭힐 때 같이 웃지 마.

"야, 우리 그러지 말자."

"좀 도와주자."

네가 무너진 분위기를 다시 쌓으면

하나님은 반드시

너를 리더로 세우셔.

성적 1등은 매달 바뀌지만

친구를 살린 리더는 평생 기억돼.

진짜 인싸는

사람을 살리는 애야.

Mission 🎯

☑ 반에서 소외된 친구 이름 떠올리기.

☑ 오늘 그 친구에게 가서 따뜻하게 말
한마디 건네기.

GOD-LIFE

Part 3

엔딩이 다른 인생

"너의 스토리는 이제 시작이야"

LV 9
베드로

이불 킥 하고 싶어?
실패는 '성장통'일 뿐이야

Skill **회복탄력성** _ 쪽팔려도 다시 일어나는 힘

Intro

매일 밤 '이불 킥' 하는 너에게 

어젯밤에 자려고 누웠는데
낮에 했던 실수가 떠올라
"으아아악!" 하고 소리 지른 적 있니?
말실수했던 일이나,

전교생 앞에서 엎어진 거

쌤한테 혼나서 울었던 거…

우린 이걸 흑역사라 부르고

이불 킥이라고 하지.

너무 걱정하지 마.

베드로 선배는 너보다 훨씬 심한

이불 킥 장인이었으니까.

예수님 수제자인데

맨날 사고 치고 도망갔던

실수의 아이콘이었어.

근데 예수님은 이 선배를

반석(Rock)이라고 부르셨어.

왜일까?

실수해도 다시 일어나는

오뚝이 정신이 있었기 때문이야.

쪽팔림을 딛고 일어나는

회복의 법칙을 배워보자.

Quest 1

도전한 놈만 젖는다 

예수님이 물 위를 걸어오실 때
베드로는 "저도 걷게 해주세요!" 하며
배 밖으로 뛰어내렸어.
처음엔 몇 발자국 걸었지만
파도를 보고 쫄아서
바로 풍덩 빠져버렸지.
허우적대는 꼴이 얼마나 웃겼겠어.
배 안의 다른 제자들은 비웃었을 거야.
하지만 팩트는 이거야.
물에 빠져 쪽팔린 건 베드로지만
물 위를 걸어본 인간도 베드로뿐이야.

실패할까 봐 아무것도 안 하니?

옷 좀 젖으면 어때, 말리면 되지.

도전하다 실패한 쪽팔림은

부끄러운 게 아니라

영광의 상처인 거야.

안전빵 인생보다

물 좀 먹더라도 저지르는 인생이

훨씬 멋진 법이니까.

Quest 2

롤러코스터 멘탈?
그게 열정이야! 🔥

베드로 선배는 감정 기복이

거의 롤러코스터 수준이었어.

멋지게 고백해서 칭찬받았다가

5분 뒤에 훈수 두다 욕먹고
천국과 지옥을 왔다 갔다 했지.
너도 그렇지?
은혜받고 눈물 콧물 쏟다가
집에 가면 방문 쾅 닫고 싸우잖아.
"나 완전 가짜인가 봐" 자책하지 마.
베드로도 그랬어.
예수님은 로봇을 원하지 않으셔.
실수투성이여도
뜨거운 가슴을 가진 널 좋아하셔.
감정이 날뛰는 건
에너지가 많다는 증거야.
그 에너지가 방향만 잡으면
세상을 바꾸는 폭발력이 될 거야.

Quest 3

최악의 흑역사도 리셋 가능? 

베드로 인생 최대의 흑역사.

"절대 주님 안 버려요!" 호언장담하더니

세 번이나 모른다고 배신했어.

닭이 울 때 베드로는 통곡했지.

이건 이불 킥이 아니라 자살각이었어.

근데 부활하신 예수님이 찾아오셨어.

"너 왜 그랬냐?" 따지지 않으셨지.

조용히 아침밥을 먹여주시고

딱 하나만 물으셨어.

"네가 나를 사랑하느냐?"

예수님은 과거를 묻지 않으셔.

그냥 "다시 시작하자"며

재부팅(Reboot) 시켜주셔.

이게 복음이야.
예수님 앞에서는 언제나
초기화가 가능해.
실패한 베드로를 들어
교회의 리더로 쓰시는 것.
그게 하나님의 반전 드라마야.

Level up

상처가 별이 된다 

베드로 선배가 너에게 묻는다.
"쪽팔려 죽고 싶니?
그거 아무것도 아냐!"
성공하는 놈은
실패를 딛고 점프하는 놈이야.
네 흑역사는 나중에

멋진 간증 거리가 될 거야.

너는 아직 공사 중이야.

예수님이 널 포기 안 하는데

네가 왜 널 포기하니?

Mission

✅ 가장 쪽팔린 실수 하나 떠올리고 "괜찮아!" 쿨하게 스스로 용서하기.

✅ 기죽어 있는 친구에게 가서 "별거 아냐, 밥 먹자!" 위로해주기.

LV 10
바나바

주인공 병 걸리지 마
킹메이커가 더 멋져

Skill **격려** _ 친구를 빛내주는 클라스

Intro

모두가 '센터'에 서면
팀은 망해 😲

아이돌 그룹 보면

다들 센터에 서고 싶어 하지.

게임 할 때도 딜러만 하려 하지

뒤에서 힐 주는 서포터는 안 하려 해.

학교에서도 주인공 되고 싶어 난리야.

이걸 주인공 병이라 불러.

근데 축구팀 11명이 전부

공격수만 하겠다고 뛰쳐나가면?

그 팀은 100% 지는 거야.

세상은 "네가 짱 먹어라" 하지만

하나님 나라는 달라.

진짜 위대한 사람은

혼자 빛나는 별이 아니라

별이 빛나도록 깔아주는 밤하늘이야.

오늘 만날 바나바 선배.

별명이 '프로 격려러'야.

자기가 빛나는 것보다

남을 스타로 키우는 킹메이커였지.

남을 성공시켜 더 크게 성공하는

큰 그릇을 배워보자.

Quest 1

왕따의 손을 잡는 용기 

너네 반에 아무도 말 안 거는 애 있니?
걔랑 밥 먹으면
나도 따당할까 봐 피하게 되지.
슈퍼스타 바울 알지?
이 선배도 처음엔 공공의 적이었어.
사람들 잡아 가두던 깡패였거든.
바울이 회개하고 돌아왔을 때
제자들은 무서워서 다 손절했어.
그때 유일하게 바울의 손을 잡고
"얘 진짜 변했어, 내가 보증할게"
변호해준 사람이 바나바야.

이게 진짜 용기야.
남들 다 욕할 때 편견 없이 다가가
친구가 되어주는 것.
진짜 인싸는
인기 그룹에 끼는 게 아니라
혼자 있는 친구를
우리 그룹으로 데려오는 사람이야.

Quest 2

질투 대신 박수 

바나바가 바울을 데려와
사역을 시작했어.
처음엔 바나바가 리더였지.
근데 바울이
너무 똑똑하고 잘하는 거야.

점점 바울이 더 유명해지고
주인공이 교체되었어.
보통 같으면 배 아파 죽지.
"내가 키워줬는데 감히!"
텃세 부리는 게 정상이야.
근데 바나바 선배는?
조용히 뒤로 물러나 바울을 밀어줬어.
"너 진짜 잘한다! 네가 리더 해."
이게 킹메이커의 품격이야.
친구 성적이 나보다 잘 나왔을 때
질투 대신 진심으로
박수 쳐주는 놈이 고수야.
남을 높여줄 줄 아는 사람이
진짜 높은 사람인 법이야.

Quest 3

실패자에게 '한 번 더' 

바나바 조카 마가가 힘들다고
선교 여행 도중에 도망쳤어.
탈주한 거지.
바울은 "저런 애랑은 못 가, 강퇴시켜!"
했지만 바나바는 달랐어.
"아직 어리잖아, 실수할 수도 있지."
"한 번 더 기회를 주자."
결국 바나바는 마가를 데리고 떠나
사람을 만들었어.
그 도망자 마가가
나중에 마가복음을 썼지.
친구의 실수에 바로 손절하지 마.
"괜찮아, 다음에 잘하면 돼"

믿어주는 친구.
그 믿어주는 한 명이 있으면
사람은 변해.
그 한 명이 바로 네가 되어줘.

Level up

너는 밤하늘 같은 사람이야 

바나바 선배가 너에게 묻는다.
"혼자 빛나는 별보다,
별을 품는 밤하늘이 더 넓지 않니?"
주인공 병에서 탈출해봐.
네 옆의 친구를 돋보이게 해줘.
슛 넣게 킬 패스 찔러주고
힘들 때 격려 톡 하나 보내주고.
신기하게도 남을 빛내주면

그 빛이 반사되어 너도 같이 빛나게 돼.

진짜 인싸는 사람을 살리는 애야.

Mission

- ✅ 오늘 친구에게 구체적인 격려 카톡 하나 보내기.

- ✅ 실수해서 죽상인 친구에게 "밥 먹으러 가자" 말 걸어주기.

LV 11
바울

성적표가 다가 아니야
네 심장이 뛰는 곳으로 가

Skill **사명** _ 스펙보다 방향

Intro

"번아웃" 온 공부 기계들에게 

야, 너 공부 왜 하니?

"대학 가야 하니까, 남들 다 하니까…"

죽어라 문제집 풀고

학원 다니는데

가끔 번아웃 오지 않아?

"좋은 대학 가면 행복한가?

그다음은?"

러닝머신 뛰는 햄스터처럼

열심히는 하는데 목표가 없어.

오늘 만날 바울 선배.

원래 이 구역의 스펙 끝판왕이었어.

명문대, 로마 시민권, 엘리트…

하버드 나온 금수저 검사급이었지.

근데 이 선배가 어느 날

그 엄청난 스펙을

쓰레기(배설물) 취급했어.

왜? 더 끝내주는 걸 발견했거든.

인생 내비게이션을 다시 찍은

바울의 방향 전환 스토리야.

Quest 1

내 스펙?
그거 다 '배설물'이야 💩

바울은 어디 가나 대접받던

엄친아였어.

근데 다메섹 길에서

예수님을 딱 만났지.

인생관이 180도 바뀌었어.

평생 쌓아온 학벌, 가문, 지위가

예수님을 알고 나니

배설물로 보인 거야.

누가 변기에 싼 똥물을 아깝다며

보물단지에 모셔두니?

바울 선배는 깨달은 거야.

"쓰레기를 금인 줄 알고

모으고 있었구나!"
진짜 가치는 성적표가 아니라
예수님이란 걸.
성적? 중요해.
근데 그건 도구일 뿐 목표가 아냐.
도구를 신주단지처럼 모시지 마.

Quest 2

가시가 있어도 뛴다 

바울 선배에게는 치명적인 약점,
몸에 '가시'가 있었어.
질병 때문에 고통이 심했지.
사람들 앞에서 쓰러질 수도 있는
아주 쪽팔릴 수 있는 약점이었어.
그래서 3번이나 간절히 기도했어.

"제발 이것 좀 없애주세요!"

근데 하나님의 대답은 "NO"였어.

"네가 약할 때 내가 강해진다."

바울은 거기서 받아들였어.

교만해지지 말라고

브레이크를 달아주셨다는 걸.

너도 콤플렉스 있지?

"난 이것 때문에 안 돼" 포기하고 싶지?

바울 선배 봐라.

몸은 아픈데 지구 반 바퀴를 돌았어.

약점 핑계 대고 안 하는 것뿐이야.

하나님은 네 약점을 통해 일하셔.

Quest 3

속도보다 방향 

바울의 목표는 딱 하나였어.

푯대를 향해 부름의 상을 위해

달리는 것.

중요한 건 속도가 아니라 방향이야.

시속 300km로 달려도

절벽으로 가면 죽는 거야.

옆 친구 진도 빠르다고 쫄지 마.

걔는 걔의 트랙이 있고

너는 네 트랙이 있어.

남들 꽁무니 쫓지 말고

하나님이 찍어주신

사명의 좌표를 봐.

진짜 멋진 인생 엔딩은

"돈 많이 벌었다!"가 아니라
"후회 없이 다 하고 갑니다!" 하고
웃는 거야.

Level up

네 심장을
뛰게 하는 게 뭐야? 

바울 선배가 너에게 묻는다.
"언제까지 남의 인생 구경만 할래?"
대학 가고 취직하는 건
그냥 과정이야.
너만이 할 수 있는
진짜 이유를 찾아봐.
"저 뭐 하고 살까요?"
"제 심장이 언제 가장 빨리 뛰나요?"

거기가 바로 네 사명이 있는 곳이야.

성적표 숫자 때문에 울지 말고

사명 때문에 가슴 뛰는 사람이 되어라.

Mission

☑ 지금 가장 중요하게 생각하는 것 3 가지 쓰기. 그중 나중에도 남을 보물 은?

☑ 책상에 포스트잇 붙이기. "난 세상 을 살리려고 공부한다!"

LV 12
예수님

우주 최강의 [마스터]
반전 매력, '섬김'

Skill 겸손 _ 낮아지면 높아지는 기적의 법칙

Intro

'셔틀' 자처한 하나님? 

학교나 사회나 다 똑같지?

힘센 놈은 '갑'이고 약한 놈은 '을'이야.

다들 갑이 되려고 공부해.

남들 부려 먹고 대접받고 싶으니까.

시중드는 건 죽기보다 싫어해서

'셔틀'이라 부르며 무시하지.

근데 여기 우주 최강의 슈퍼 갑이 계셔.

창조주 하나님, 예수님이야.

온 우주를 만든 만렙 개발자시지.

근데 이 마스터가 하신 행동은

충격적이야.

"물 떠와" 시킨 게 아니라

제자들 발을 직접 닦아주셨어.

스스로 '사랑의 셔틀'이 되신 거야.

진짜 센 분은 힘 자랑 안 해.

그 힘으로 남을 살려주는 법이야.

우리의 마스터 예수님의

반전 매력에 빠져보자.

'쪼렙' 캐릭터로 로그인? 

상상해 봐.

네가 대단한 게임 개발자야.

근데 캐릭터들이

바이러스 걸려 다 죽어가.

그걸 고치려면 네가 직접 들어가야 해.

개발자 권한 다 버리고

제일 약한 레벨 1 캐릭터로.

들어가면 몬스터한테 맞고

욕먹고 죽어야 해.

너라면 하겠니?

"서버 초기화하고 말지!"

근데 마스터 예수님은 그걸 하셨어.

영광을 버리고 더러운 마구간에서

아기로 태어나셨지.

이걸 성육신이라 불러.

"신이 인간 레벨로

다운그레이드 접속했다!"

왜? 우리와 눈높이를 맞추려고.

얼마나 아픈지 직접 겪고 위로하려고.

높은 데서 구경하는 게 아니라

낮은 데로 내려와 같이 울어주는 것.

그게 진짜 사랑이야.

Quest 2

발 냄새 나는
친구 앞에 무릎 꿇기 🖤

제자들은 "누가 서열 1위냐"

싸우고 있었어.

당시 발은 흙먼지가 묻어 더러웠고
발 씻기는 건 노예가 하는 일이었지.
근데 마스터께서 수건을 두르더니
제자들 발을 하나씩 씻기기 시작하셔.
제자들은 기절초풍했지.
예수님은 묵묵히 다 씻기시고
말씀하셨어.
"너희도 이렇게 행하게 하려고
본을 보였다."
세상은 "성공해서 부려 먹어라"
가르치지만
예수님은 "성공해서 섬겨라"라고
가르치셔
남들이 하기 싫어하는 더러운 일,
힘든 일을 먼저 하는 사람.
그 사람이 진짜 리더야.

다 이루었다(Game Clear) 

예수님 인생의 하이라이트는 십자가야.

죄는 우리가 지었는데

벌은 예수님이 받으셨어.

피 흘리며 죽어가는데

사람들은 조롱했지.

예수님은 힘이 없어 참으신 게 아냐.

지금 내려오면

너를 못 구하니까 참으신 거야.

마지막 숨을 거두실 때 하신 말씀.

"다 이루었다(Mission Complete)."

죽음으로 끝난 줄 알았는데

부활하셨지.

낮아짐의 끝판왕이 되니

가장 높은 이름으로 올려주신 거야.

자기를 낮추는 자가 높아지는

기적의 법칙이야.

Level up

네가 '작은 예수'가 될 차례야 

마스터 예수님이 너에게 묻는다.

"진짜 쎈 놈 되고 싶니?

그럼 나 따라와."

친구 밟고 1등 하는 건 삼류야.

친구를 섬겨 같이 1등 하는 게 일류고

친구 위해 희생하는 건

예수님류(Jesus Class)야.

네가 학교에서 작은 예수로 살아봐.

설거지 돕고, 쌤 짐 들어드리고,

왕따 친구에게 말 걸고.

우주 최강 마스터도 하셨는데

네가 왜 못 해?

네가 무릎 꿇고 섬길 때

세상은 널 존경하게 될 거야.

넌 시시한 엑스트라가 아냐.

하나님의 스토리를

써 내려갈 주인공이야.

Mission 🎯

✅ 오늘 부모님 발 씻겨드리기(쑥스러우면 어깨라도 주물러 드리기).

✅ 제일 싫어하는 사람을 위해 1분만 축복 기도 하기.

EXIT
에필로그

인생은 리셋이 안 돼,
지금 'God'생 모드로 접속해!

튜토리얼은 끝났다.
이제 실전이다!

여기까지 오느라 고생 많았다.

12명의 레전드 선배들을 만나보니 어때?

감탄만 하고 끝낼 거니?

가슴이 좀 뜨거워졌니?

딱 하나만 기억해.

이 책은 공략집일 뿐이야.

직접 마우스를 잡고 클릭 안 하면

네 티어(Tier)는 절대 안 올라가.

책 덮는 순간 진짜 게임 시작이야.

1. 인생은 '원 코인' 게임이야

게임은 리셋되지만 인생은 안 돼.

침대에 누워 날린 2시간은

영원히 삭제된 거야.

제발 인생을 낭비하지 마.

킬링 타임 하지 말고 세이빙 타임 해.

2. 너는 '메인 캐릭터'야

학교에서 배경처럼 살지 마.

하나님은 널 엑스트라로

만들지 않으셨어.

너는 유일한 걸작이야.

네 반이 엉망이니?

그건 널 해결사로 투입하셨다는 뜻이야.

당당하게 네 스토리를 써 내려가.

3. '치트키'가 있어

혼자 싸우는 거 아냐.

네 안엔 성령님이라는 AI보다

강력한 헬퍼(Helper)가 있어.

"도와주세요!" 로그인(기도)만 하면 돼.

와이파이 필요 없고

데이터도 무제한이야.

하나님의 능력을 끌어다 쓰는 것,

그게 바로 God 생의 비밀이야.

자, 이제 책을 덮어.

방문을 열고 나가서 보여줘.

진짜 크리스천 틴에이저가

얼마나 멋진지.

성경대로 사는 게

얼마나 힙하고 독보적인지!

준비됐지?

3, 2, 1… 로그인!

네 플레이를 기대할게.

너의 영원한 1호 팬,

최하진 쌤이

부록 1

레전드 선배들의
오리진 스토리

소스 코드 접속 좌표

레전드 선배들의 오리진 스토리

소스 코드 접속 좌표

• • •

Part 1. 멘탈갑(甲) 되기
"쫄지마 너는 하나님의 캐릭터야"

LV 1. 아브라함
안전지대 밖으로 로그아웃하라

접속 좌표 창세기 12~25장

핵심 미션 익숙한 고향을 떠나 하나님이 보여 줄 땅으로 나아가는 모험(창세기 12장)

LV 2. 요셉
구덩이에 빠졌어? 거기가 바로 히든 맵이야

접속 좌표 창세기 37~50장

핵심 미션 형들의 배신과 감옥이라는 '억까' 상황을 총리라는 '떡상'으로 바꾸기(창세기 39~41장)

LV 3. 모세
금수저 왕자보다 광야의 지팡이가 더 힙해

접속 좌표 출애굽기 2~14장

핵심 미션 내 안의 힘을 빼고 하나님의 지팡이를 들어 홍해 가르기(출애굽기 3~4장, 14장)

LV 4. 여호수아
생각만 하다 늙을래? 일단 발부터 담가!

접속 좌표 여호수아 1~6장

핵심 미션 요단강에 먼저 발을 담그는 실행력으로 여리고 성 무너뜨리기(여호수아 3장, 6장)

> **Part 2. 넘사벽 실력 쌓기**
> "세상 말고 하나님께 '좋아요'를 받아"

LV 5. 에스더
인생 역전의 타이밍? 기회가 왔을 때 올인하는 배짱

접속 좌표 에스더 1~10장

핵심 미션 "죽으면 죽으리이다"라는 결단으로 민족을 구하는 하드캐리(에스더 4장)

LV 6. 다윗

껍데기는 가라! 돌멩이 하나로 짱 먹는 법

접속 좌표 사무엘상 16~17장

핵심 미션 화려한 갑옷 대신 나만의 무기인 '물맷돌'로 거인 골리앗 이기기(사무엘상 17장)

LV 7. 다니엘

스마트폰 좀 꺼볼래? 디지털 바벨론에서 살아남기

접속 좌표 다니엘 1~6장

핵심 미션 왕의 음식과 우상 숭배를 거절하고 '거룩한 구별됨' 지키기(다니엘 1장, 6장)

LV 8. 느헤미야

같이 가야 인싸지! 무너진 마음을 세우는 공감 능력

접속 좌표 느헤미야 1~6장

핵심 미션 아픈 마음으로 기도하며 52일 만에 무너진 성벽 재건하기(느헤미야 2장, 6장)

Part 3. 엔딩이 다른 인생
"너의 스토리는 이제 시작이야"

LV 9. 베드로

이불 킥 하고 싶어? 실패해도 다시 시작하는 재부팅의 힘

접속 좌표 마태복음 14장, 요한복음 21장

핵심 미션 물 위를 걷는 도전과 세 번의 배신, 그 후 찾아
오신 예수님과 재부팅하기(요한복음 21장)

LV 10. 바나바

주인공 병 걸리지 마! 친구를 빛내주는 킹메이커 클라스

접속 좌표 사도행전 4장, 9장, 11장

핵심 미션 모두가 외면하던 바울의 손을 잡아주고 안디
옥 교회의 리더로 세우기(사도행전 9장, 11장)

LV 11. 바울

성적표가 다가 아니야! 네 사명의 좌표를 다시 찍어라

접속 좌표 사도행전 9~28장, 빌립보서 3장

핵심 미션 세상의 스펙을 '배설물'로 여기고 오직 예수라
는 푯대를 향해 달리기(빌립보서 3장)

LV 12. 예수님
우주 최강의 [마스터], 세상을 뒤집는 독보적인 섬김

접속 좌표 마태·마가·누가·요한복음(4복음서)

핵심 미션 인류 구원을 위해 십자가에서 "다 이루었다"
미션 완료하기(요한복음 19장)

부록 2

부모님들을 위한
『갓생의 법칙』
영적 플레이어 용어 사전

부모님들을 위한

『갓생의 법칙』
영적 플레이어 용어 사전

● ● ●

1. 기본 설정 및 환경 Basics & Map

- **갓생(GOD-LIFE)** '하나님(God)'과 '인생'의 합성어 입니다. 단순히 부지런한 삶을 넘어, 하나님이 설계하신 독보적인 인생 시나리오대로 사는 가치 있는 삶을 뜻합니다.

- **NPC(Non-Player Character)** 게임 속에서 정해진 대사만 반복하는 배경 캐릭터입니다. 자기 생각 없이 남들이 시키는 대로, 유행하는 대로만 움직이는 주체성 없는 인생을 비유합니다.

- **인생 렉(Lag)** 인터넷 연결이 느려 화면이 멈추는 현상입니다. 열심히는 하지만 성적이나 관계가 제자리걸음인 답답하고 정체된 상태를 의미합니다.

- **최종 마스터(Final Master)** 이 세상이라는 거대한 스테이지를 설계하고 운영하시는 하나님을 높여 부르는 말입니다.

- **안전지대(Comfort Zone)** 변화나 도전 없이 머물러 있는 익숙하고 편안한 장소(내 방 침대 위 등)입니다. 성장을 위해 반드시 벗어나야 할 곳이기도 합니다.
- **히든 던전 / 히든 맵** 겉으로는 고난(요셉의 구덩이나 감옥)처럼 보이지만, 사실은 레벨업을 위해 하나님이 숨겨두신 특별한 비밀 훈련 장소입니다.
- **보스 몹(Boss Mob)** 스테이지 끝판에 나오는 강력한 적입니다. 여리고 성처럼 반드시 정복해야 할 거대하고 어려운 인생의 장애물을 뜻합니다.

2. 플레이 및 미션 Play & Missions

- **퀘스트 (Quest)** 게임에서 해결해야 하는 임무입니다. 지루한 공부나 힘든 일상을 하나님이 주신 의미 있는 목표로 바꾸어 부르는 말입니다. '공부는 세상을 구하기 위한 퀘스트다'라고 생각하면 마음가짐이 달라집니다.
- **로그인 / 로그아웃** 하나님 나라에 접속하거나, 익숙했던 나쁜 습관 및 안전지대에서 과감하게 벗어나는 결단을 말합니다.
- **치트키(Cheat Key)** 복잡한 인생 렉을 단번에 해결해 줄 비장의 공략법, 즉 하나님의 말씀과 지혜를 의미합니다.

- **하드캐리어(Hard Carrier)** 팀을 승리로 이끄는 압도적인 플레이어입니다. 위기 상황에서 판을 뒤집어 세상을 살려내는 주도적인 하나님의 자녀를 뜻합니다.
- **억까** '억지로 까이다'의 줄임말로, 아무 잘못이 없는데도 억울하게 비난받거나 운 나쁜 상황에 처하는 것(요셉의 고난 등)을 말합니다.
- **킹메이커(Kingmaker)** 자기가 주인공이 되기보다 친구를 빛내주어 스타로 키워주는 넉넉한 마음을 지진 조력자(바나바)입니다.

3. 능력치 및 시스템 Status & System

- **스탯(Stats)** 캐릭터의 능력치입니다. 영성, 인성, 실력 등 우리가 하나님 안에서 꾸준히 키워가야 할 덕목들을 나타냅니다.
- **하나님의 스웩(Swag)** 세상이 따지는 조건이 아니라, 나를 사랑하시는 하나님을 믿는 배짱에서 뿜어져 나오는 진짜 '멋'과 '자존감'입니다.
- **세상의 스펙(Spec)** 학벌, 외모, 집안 같은 세상의 조건입니다. 바울은 이를 진짜 가치인 예수님에 비해 '배설물'과 같다고 선언했습니다.
- **재부팅(Reboot) / 포맷** 실패했더라도 예수님 안에서 과거를 깨끗이 지우고 새롭게 시작하는 복음의 능력을 의미합니다.

- **원 코인(One Coin)** 리셋이 가능한 게임과 달리, 우리 인생은 단 한 번뿐이라는 사실을 강조하며 시간을 아끼라는 메시지를 담고 있습니다.
- **티어(Tier)** 게임 내 등급입니다. 직접 행동(클릭)하고 도전하지 않으면 신앙의 등급은 절대 오르지 않는다는 의미로 쓰였습니다.
- **미션 완료(Mission Complete)** 예수님이 십자가에서 "다 이루었다"라고 하신 최종적인 승리를 뜻합니다.

GOD-LIFE

부록 3

ITEM SHOP
만렙 찍기 위한 추천 아이템

ITEM SHOP

만렙 찍기 위한 추천 아이템

• • •

게임 하다가 막히면 공략집 보거나 아이템 사러 가지?
네 인생의 레벨업을 도와줄 '레전드 아이템(추천 도서)'들을 엄선해봤어. 이 형님들 책 읽으면 너의 영적 공격력 +100 상승 보장한다!

1. [절대 무기] 개발자의 비밀 노트

『성경(The Bible)』 쉬운성경 · 메시지 성경 버전

효과 모든 스탯 +∞ (무한대)

설명 말이 필요 없는 0티어 아이템. 우주를 만든 개발자(하나님)가 직접 쓴 공략집이야. 개역개정이 너무 어려우면 '쉬운성경'이나 '메시지 성경'으로 읽어 봐. 웬만한 판타지 소설보다 더 꿀잼임. (요셉, 다윗 형님 이야기 원본이 여기 다 있다!)

2. [공략 지도] 천국 가는 맵(Map)이 궁금해?

『만화로 읽는 천로역정』 존 번연 원작 · 최철규 그림

효과 길 찾기 능력 +100

설명 천국 가는 길이 게임 스테이지처럼 그려져 있어.
유혹의 성, 절망의 늪, 허영의 시장… 네가 앞으
로 만날 몬스터들이 여기 다 나온다. 글자 많은
거 싫은 친구들에게 강력 추천! (웹툰 보듯이 순
삭 가능)

3. [상상력 포션] 마법의 세계로 로그인

『나니아 연대기』 C.S. 루이스

효과 믿음의 야성 +150

설명 옷장 문을 열면 펼쳐지는 마법의 세계! 거기서 진
짜 왕 '아슬란(예수님)'을 만나봐. "하나님이 진짜
계셔?"라고 의심 들 때 이 책을 읽으면 심장이 다
시 뛸 거야. (영화보다 책이 10배 더 재밌음)

4. [멘탈 갑옷] 세상에 쫄지 않는 배짱

「철인」 다니엘 김 선교사

효과 용기 +100

설명 "복음이면 충분하다!" 세상 눈치 보지 말고 화끈하게 예수님만 따라가고 싶은 '상남자/상여자'들을 위한 책. 읽다 보면 나도 모르게 주먹 불끈 쥐게 됨. 쫄보 탈출하고 싶은 친구들에게 강추.

길드 모집

혼자 싸우기 힘들지? 여기로 와!

• • •

"스마트폰 없이도 꿀잼인 학교가 있다고?"
맨날 학원 뺑뺑이, 성적 비교, 가짜 친구들에 지쳤니?
여기, 세상이랑은 좀 다른
'어나더 레벨(Another Level)' 학교가 있어.

***노잼 공부는 가라** 서로 가르쳐주면서 실력 쌓는 '파인애플 공부법' (성적 떡상함)

***진짜 우정** 왕따? 은따? 그런 거 키우지 않음. 24시간 붙어 다니는 '찐친'들만 있음

***글로벌 스펙** 여기서 신나게 놀면서 공부했는데 졸업하면 세계 명문대 감. (실화임)

세상이 감당 못 할 하나님의 거인들이 자라는 곳,
만방국제학교가 너의 다음 스테이지(Next Stage)야.

좌표 www.manbangschool.org

설립자 최하진 쌤 (이 책 쓴 사람)

갓생의 법칙

초판 1쇄 발행 | 2026년 4월 3일
초판 4쇄 발행 | 2026년 4월 23일

지 은 이 | 최하진

펴 낸 이 | 최광식
펴 낸 곳 | 나무&가지
책임편집 | 이예훈
북디자인 | 김한희
마 케 팅 | 임지수
등록번호 | 제 2017-000048호
주　　소 | 서울시 서초구 강남대로 455, A동 511호
편 집 부 | **전화** 02-532-9578
이 메 일 | sevenpoweredu@gmail.com

ISBN 979-11-91366-07-5 03200